ESTIME DE SOI, CONFIANCE EN SOI, AMOUR DE SOI

PATRICE RAS

ESTIME DE SOI, CONFIANCE EN SOI, AMOUR DE SOI

Les trois piliers du succès

JouVence

Du même auteur aux Éditions Jouvence

Morphopsychologie : le visage, miroir de la personnalité
Oser montrer ses faiblesses
Savoir décider !
Aujourd'hui, j'arrête de tout remettre à demain !
Petit Cahier d'exercices de communication non verbale
Réussir tous ses projets
Mon cahier poche : Je gère mon stress
Mon cahier poche : J'apprends à gérer mon temps
L'Art d'écouter

Catalogue gratuit sur simple demande

ÉDITIONS JOUVENCE

France : BP 90107 – 74160 Saint-Julien-en-Genevois Cedex
Suisse : Route de Florissant, 97 – 1206 Genève
Site Internet : www.editions-jouvence.com
Mail : info@editions-jouvence.com

ISBN : 978-2-88953-351-0

Dessin de couverture : Rosa Carbonell
Maquette de couverture : Antartik
Couverture : Éditions Jouvence
Mise en pages : SIR

Sommaire

Remerciements

Je remercie tous les gens qui m'ont aidé dans la rédaction de cet ouvrage :

- Cathy, la sensibilité au service des autres ;
- Mona, la générosité intelligente ;
- Viviane, la gentillesse absolue.
- Catherine, la « sorcière bien-aimée » ;

Je remercie aussi et surtout tous les gens qui m'ont aidé à sortir de la timidité :

- De nombreux professeurs ;
- Des psychothérapeutes ;
- Des amis ;
- Des écrivains qui m'ont tendu une perche et montré la voie. Ce livre est à la fois une façon de leur renvoyer la balle et de continuer à la faire circuler…

Introduction

J'ai longtemps été timide, d'une timidité « maladive » qui a failli me coûter la vie. Évidemment j'avais une très mauvaise image de moi : une piètre estime de moi, très peu d'amour pour moi et quasiment aucune confiance en moi… Comment ai-je pu vivre, ou plutôt survivre dans cet état ? C'est un mystère. En tous cas, c'était l'enfer…

Enfant, j'allais me cacher sous la table, lorsque des parents débarquaient à la maison. À l'école, c'était encore pire : ma timidité m'empêchait de lire un texte tout haut, de faire un exposé ou même de prendre la parole devant mes camarades (sauf pour faire le clown).

Aujourd'hui, je suis formateur, conférencier, professeur, c'est-à-dire orateur. Je suis à l'aise à la radio, sur un plateau télé ou devant 1 000 personnes… Trouvez l'erreur !

Comment est-ce possible ? Comment ai-je pu passer d'un extrême à l'autre ?

Comment peut-on s'affranchir de la timidité ? C'est ce que vous allez découvrir en lisant ce livre. La bonne nouvelle, c'est que la timidité n'est pas une fatalité, au contraire : si 90 % des Français affirment avoir été timides dans leur enfance, la proportion s'inverse quasiment chez les adultes (15 % seulement). De là à y voir un passage (obligé ?) dans la construction de l'identité, il n'y a qu'un pas…

De quoi se compose-t-elle ? Quelles sont les dimensions de l'identité qui se bonifient ou se dégradent ? Ce sont l'estime de soi, l'amour de soi et la confiance en soi. Ces trois composantes sont vraiment distinctes, bien que la plupart des gens les confondent… En fait, il s'agit toujours de la relation à soi-même sur trois plans différents et complémentaires.

La timidité est-elle une maladie ? Au sens strictement médical, la réponse est non. Au sens psychiatrique du terme, la réponse est…

peut-être, à partir d'un certain seuil, difficile à évaluer. Si c'est une maladie, quelle est la fonction psychologique atteinte ? Il s'agit sans nul doute de l'identité, de l'image de soi. La timidité est un déséquilibre de l'identité, un excès de réserve, de prudence, de doute, de remise en question, d'autocritique et d'humilité.

Pour continuer la métaphore médicale, ce livre est constitué de deux parties complémentaires : la première vous permet de faire vous-même le diagnostic de votre image. La seconde vous propose différents traitements, selon le résultat de votre diagnostic et… vos priorités.

En réalité, la timidité est bien plus complexe qu'elle ne paraît. C'est pourquoi nous aborderons ici le cas de l'excès inverse (l'arrogance), mais aussi la situation opposée où vous souhaitez aider un timide à en sortir… Peut-on et faut-il l'aider ? Comment ?

Chapitre 1

Le bilan de votre image

Quelques définitions pour commencer

Beaucoup de gens, y compris des auteurs connus, confondent ces trois notions pourtant distinctes.

L'estime de soi

C'est la valeur que vous vous accordez, consciemment ou inconsciemment, directement ou indirectement. Elle correspond et permet de satisfaire le besoin de reconnaissance. Si votre estime de vous est faible, vous ne pouvez pas vous sentir (vraiment) reconnu, à l'école, au travail, au sport, etc. Dans ce cas, vous ne pouvez pas vous sentir intelligent, performant, compétent, efficace ou brillant. Le drame, c'est que vous communiquez le sentiment de cette carence à tous vos proches. Résultat : ils ne vous font pas confiance, ne vous proposent pas de promotion (en entreprise) ni même de responsabilité nouvelle… même si vous pensez ou dites le contraire car *« Ce que vous êtes parle plus fort que ce que vous dites. »*

L'amour de soi

C'est le sentiment positif que vous ressentez pour vous. Il correspond et permet de satisfaire le besoin d'aimer et (surtout) d'être aimé. Si vous ne vous aimez pas, vous ne pouvez pas (vraiment) aimer quelqu'un d'autre et vous ne pouvez pas vous sentir (vraiment) aimé par vos proches, à fortiori par un inconnu. Mais ce qui est encore plus gênant, c'est que vous risquez d'attirer et d'être attiré par des gens qui ne vous aiment pas, que ce soit en famille, en amour, en amitié, à l'école ou au travail. Résultat : vous devenez fréquemment le souffre-douleur ou le bouc-émissaire de votre groupe (famille, classe, club, service ou département de votre entreprise). Dans les cas extrêmes, vous attirez et êtes attiré par les pervers narcissiques, ces grands prédateurs toujours à l'affût de nouvelles proies…

La confiance en soi ou l'assurance

C'est le sentiment de sécurité **intérieure** que vous éprouvez vis-à-vis de vous. Il correspond et permet de satisfaire le besoin de sécurité (vis-à-vis de l'extérieur, de l'inconnu et du futur). Si vous n'avez pas confiance en vous, vous ne pouvez pas risquer, entreprendre, décider, changer, oser et vous affirmer (sereinement). Sans un minimum de cette sécurité, vous ne pouvez rien entreprendre, rien risquer et rien créer. Cette carence vous confine dans l'attentisme (conséquence de votre inhibition permanente), le pessimisme, voire le défaitisme. Persuadé que vous n'y arriverez pas, vous réussissez… à échouer, ce qui prouve que vous aviez raison et entretient votre carence. C'est un cercle vicieux. Vos échecs ne sont que la concrétisation de ce manque de confiance en vous, qui produit de nouveaux échecs et ainsi de suite…

Différence entre estime de soi et confiance en soi

La grande différence entre l'estime de soi et la confiance en soi se situe au niveau de la conscience : l'estime de soi (quel que soit son niveau) est consciente, tandis que la confiance en soi est inconsciente. Cette dernière se matérialise au travers de toutes les initiatives que vous prenez de façon plus ou moins naturelle et spontanée. C'est pourquoi les autres (vos proches en particulier) sont meilleurs juges que vous-même pour votre assurance. Si vous voulez néanmoins vous faire une idée plus juste de votre confiance réelle en vous, demandez-vous comment vous vous lancez dans l'action et comment vous vous comportez une fois lancé…

La timidité

C'est le trait de caractère et le type de personnalité qui s'appuie sur une carence générale de ces trois éléments (image de soi négative) en proportion variable. La timidité est plus ou moins grande (on parle alors de « timidité maladive ») et surtout plus ou moins ancrée dans la personnalité (dans ce dernier cas, on parle alors de « timidité passagère »). En France, la plupart des enfants et des adolescents se déclarent timides, mais cette timidité disparaît avec l'âge (et surtout avec l'expérience et le succès). On peut donc considérer la timidité comme un « passage obligé » dans notre pays. Mais il reste encore quinze pour cents (un sur six) des adultes à se plaindre de la timidité, ce qui est énorme.

La timidité est évidemment plus ou moins développée selon la culture dans laquelle on grandit : les Africains et les Nord-Américains semblent moins touchés par ce phénomène que les Français. Pourquoi ? Parce la culture française est à la fois intellectuelle, analytique, critique et perfectionniste. Or l'esprit critique favorise l'inhibition et non l'action ou la prise de risque. Les Africains semblent plus spontanés, parce que leur culture est à la fois plus affective (importance accordée à la famille et aux clans) et plus concrète (importance accordée au corps et aux sensations). Les Nord-Américains, eux, grandissent dans une culture qui valorise l'action, la décision, le sport, le jeu et le risque…

A) L'estime de soi

Pour la déterminer, répondez sincèrement et spontanément aux différentes questions. Cochez la lettre (A, B, C) correspondant aux réponses qui vous concernent (plusieurs réponses possibles). **Si aucune réponse ne vous convient, ne répondez rien.**

1) Vous êtes fier de :

A ❐ Vos performances physiques

B ❐ Votre capacité d'influencer les autres

C ❐ Votre intelligence

2) Vous devez animer une réunion, c'est :

A ❐ L'occasion de tester votre charisme

B ❐ L'occasion de séduire / vous faire des amis

C ❐ L'occasion de briller

3) Mes collègues me voient comme :

A ❐ Un lion ; superbe et généreux

B ❐ Un renard ; malin et rusé

C ❐ Un aigle ; observateur et dominateur

4) Vous aimez la compétition dans le domaine :

A ❐ Du sport

B ❐ De la séduction

C ❐ Des études

5) Votre plus grande qualité :

A ❐ Votre force ou votre beauté

B ❐ Votre sens de la communication

C ❐ Votre intelligence

6) Vos vacances de rêves :

A ❐ Au Club (sea, sex and sport)
B ❐ N'importe où avec vos proches
C ❐ En formation

7) Le poste idéal :

A ❐ Concret, sur le terrain
B ❐ Au centre d'une équipe (manager ?)
C ❐ Expert dans un domaine qui vous passionne

8) Vous méprisez les gens :

A ❐ Maladroits
B ❐ Timides
C ❐ Stupides

9) Votre dernière résolution :

A ❐ Faire du sport ou retaper un logement
B ❐ Séduire quelqu'un
C ❐ Suivre une formation ou une validation des acquis de l'expérience

10) Votre cadeau préféré :

A ❐ Un bijou ou un vêtement
B ❐ Un compliment
C ❐ Un livre

11) Vous rencontrez votre future belle-famille :

A ❒ Vous peaufinez votre look
B ❒ Vous vous renseignez sur leurs passions
C ❒ Vous révisez votre culture générale

12) Votre plus grand réussite :

A ❒ Avoir gagné une compétition
B ❒ Avoir séduit une personne
C ❒ Avoir obtenu un diplôme

Analyse de vos résultats

Estime de soi

Additionnez le nombre de A, de B et de C, puis faites le total (A + B + C) :

- Nombre de A (maximum 12) : . . . . . .
- Nombre de B (maximum 12) : . . . . . .
- Nombre de C (maximum 12) : . . . . .
- **Total** A + B + C (maximum 36) : . . . . .

Reportez ces résultats au tableau référentiel p. 40.

Interprétation des lettres

- **A** correspond à l'estime de vos compétences physiques (sportives, sexuelles, pratiques).
- **B** correspond à l'estime de vos compétences relationnelles (votre capacité d'influencer les gens).
- **C** correspond à l'estime de vos compétences intellectuelles (votre intelligence) et professionnelles (vos compétences).
- **Le total** (A + B + C) correspond à votre estime de vous générale.

Interprétation des scores par domaine

Entre 0 et 3 : estime de vous faible

Votre estime de vous (dans ce domaine) semble vraiment faible... Sans doute avez-vous subi un ou plusieurs échecs, que vous n'avez pas forcément digérés. Savez-vous qu'il existe des moyens pour guérir/soigner/transformer cela : les thérapies brèves : TCC (Thérapies Comportementales et Cognitives), hypnose, etc. ?

Entre 4 et 6 : estime de vous plutôt faible

La situation est grave, mais pas désespérée (dans ce domaine). La preuve : vous lisez ce livre. Connaître et surtout reconnaître sa maladie, c'est la moitié de la guérison, non ? Alors continuez et allez jusqu'au bout… Et transformez vos échecs en apprentissage !

Entre 7 et 9 : estime de vous plutôt bonne

Bonne nouvelle : votre estime de vous dans ce domaine est plutôt bonne, sans être pour autant excessive. Bien sûr, vous pouvez encore progresser (ce petit livre est là pour cela). Continuez de cultiver parallèlement vos talents et… votre humilité. Ainsi vous développerez la dignité, l'ambition, l'amour-propre et le sens de l'honneur. Sans être un modèle en la matière, vous êtes certainement capable d'aider les autres (dans ce domaine).

10 ou plus : estime de vous excessive

Attention ! Votre estime de vous dans ce domaine semble très bonne, voire trop bonne : vous êtes fier de vous et de vos capacités, mais vous risquez de tomber dans l'orgueil ou le mépris… Vous impressionnez sans doute beaucoup de monde, mais attention à la vanité, à la suffisance, l'arrogance, la bouffissure, la complaisance, le dédain, la fatuité, la fierté, la gloriole, la hauteur, l'immodestie, l'infatuation, l'insolence, la mégalomanie, la morgue, l'ostentation, l'outrecuidance, la présomption, la prétention, la suffisance, la superbe, la vanité, la vantardise. Et rappelez-vous : *« La grandeur se montre dans la façon de traiter les petites gens*[1] ».

Interprétation du score total

9 et moins : estime de vous faible

Votre estime de vous semble vraiment faible… Sans doute avez-subi un ou plusieurs échecs, que vous n'avez pas forcément digérés. Savez-vous qu'il existe des moyens de les transformer (les thérapies brèves : TCC, hypnose, etc.) ?

Entre 10 et 18 : estime de vous plutôt faible

La situation est grave, mais pas désespérée. La preuve : vous lisez ce livre. Connaître et surtout reconnaître sa maladie, c'est la moitié de la guérison, non ? Alors continuez et allez

1. Socrate

jusqu'au bout… Et transformez vos échecs en apprentissage !

Entre 19 et 27 : estime de vous (plutôt) bonne

Bonne nouvelle : votre estime de vous est plutôt bonne ou bonne, sans être pour autant excessive. Bien sûr, vous pouvez encore progresser (ce petit livre est là pour cela). Continuez de cultiver parallèlement vos talents et… votre humilité. Sans être un modèle en la matière, vous êtes certainement capable d'aider les autres (dans ce domaine).

28 ou plus : estime de vous très ou trop bonne

Attention ! Votre estime de vous semble très bonne, voire trop bonne : vous êtes fier de vous et de vos capacités, mais ne tombez pas dans l'orgueil ou le mépris… Vous impressionnez sans doute beaucoup de monde, mais attention à la vanité, à la suffisance. Et rappelez-vous que *« La grandeur se montre dans la façon de traiter les petites gens*[2] *»*.

---

2. Idem.

B) L'amour de soi

Pour le déterminer, répondez sincèrement et spontanément aux différentes questions. Cochez la lettre (A, B, C) correspondant aux réponses qui vous concernent (plusieurs réponses possibles). **Si une aucune réponse ne vous convient, ne répondez rien.**

1) Vous aimez :

A ☒ Votre âme ou votre esprit
B ❒ Votre cœur (vos émotions et sentiments)
C ❒ Votre corps ou votre gestuelle

2) Vous voudriez laisser une trace avec :

A ❒ Vos idées, vos rêves
B ☒ Vos sentiments
C ❒ Vos actes

3) Vous êtes :

A ❒ Intelligent, créatif ou spirituel
B ☒ Sentimental, ouvert ou généreux
C ❒ Beau, fort ou impressionnant

4) On vous recherche pour :

A ❒ Votre spiritualité, créativité ou intelligence
B ❒ Votre joie de vivre ou gentillesse
C ❒ Votre énergie ou dynamisme

5) Vous appréciez les compliments concernant :

A ❒ Votre âme ou votre esprit
B ❒ Votre cœur
C ❒ Votre corps (beauté, force…)

6) On regrettera certainement :

A ❒ Votre intelligence
B ❒ Votre gentillesse ou votre communication
C ❒ Votre beauté, votre force ou votre énergie

7) Vous appréciez :

A ❒ Votre âme ou votre esprit
B ❒ Votre cœur (vos émotions et sentiments)
C ❒ Votre corps ou votre gestuelle

8) Vous aimeriez refaire :

A ❒ Votre corps et éventuellement votre cœur

B ❒ Votre âme et éventuellement votre corps

C ❒ Votre cœur et éventuellement votre âme

9) Vous avez tendance à vous pardonner :

A ❒ Vos divagations / délires

B ❒ Vos égarements affectifs

C ❒ Votre maladresse

10) Vous prenez soin de :

A ❒ Votre âme / votre esprit

B ❒ Votre cœur

C ❒ Votre corps

11) Vous n'avez pas honte de :

A ❒ Votre façon de penser ou travailler

B ❒ Votre façon d'aimer

C ❒ Votre façon d'agir, de bouger

12) Vous assumez totalement :

A ❒ Vos idées, vos rêves

B ❒ Vos émotions et sentiments

C ❒ Vos sensations, vos pulsions

Analyse de vos résultats

Amour de soi

Additionnez le nombre de A, de B et de C, puis additionnez le total (A + B + C) :

- Nombre de A (maximum 12) : . . . . .
- Nombre de B (maximum 12) : . . . . .
- Nombre de C (maximum 12) : . . . . .
- Total A + B + C (maximum 36) : . . .

Reportez ces résultats au tableau référentiel p. 40.

Interprétation des lettres

- **A** correspond à l'amour de votre intelligence et de votre esprit.
- **B** correspond à l'amour de vos compétences relationnelles et de votre manière de communiquer avec les autres.

- **C** correspond à l'amour de votre corps et de ce qu'il vous permet de vivre
- **Le total** (A + B + C) correspond à votre amour de vous-même en général (tous domaines confondus).

Interprétation des scores par domaine

3 et moins : amour de vous insuffisant

Votre amour de vous (dans ce domaine) semble vraiment faible… Sans doute avez-vous subi une ou plusieurs blessures (rejet, abandon, humiliation ?) que vous n'avez pas forcément digérées. Sans doute avez-vous déjà entrepris un travail sur vous (thérapie, stage, etc.), sans quoi votre fragilité risque de s'accentuer avec le temps…

Entre 4 et 6 : amour de vous plutôt fragile

Votre amour de vous (dans ce domaine) semble assez fragile. Il existe, mais semble limité, contenu ou freiné… par quoi ? Cherchez les freins (en vous) et rappelez-vous que l'Amour est inconditionnel… Par conséquent, vous n'avez rien à prouver, rien à faire pour l'obtenir (pour l'acheter ?). Et prenez vos distances avec les gens qui ne vous aiment pas (vraiment).

Entre 7 et 9 : amour de vous plutôt solide

Bonne nouvelle : votre amour de vous dans ce domaine est plutôt solide voire solide, sans être pour autant excessif. Bien sûr, vous pouvez encore progresser (ce petit livre est là pour cela). Continuez de cultiver parallèlement vos sentiments positifs et… votre humilité.

10 ou plus : amour de vous excessif (?)

Attention ! Votre amour de vous dans ce domaine semble très fort, peut-être même trop : vous êtes fier de vous et de vos capacités, mais ne tombez pas dans l'orgueil ou le mépris… Vous impressionnez sans doute beaucoup de monde, mais attention à la vanité, à la suffisance. Et rappelez-vous : *« La grandeur se montre dans la façon de traiter les petites gens[3]. »*

---

3. Idem.

Interprétation du score total

Au plus 9 : amour de vous faible

Votre amour de vous semble vraiment faible… Sans doute avez subi une ou plusieurs blessures (rejet, abandon, humiliation ?) que vous n'avez pas forcément digérées. Sans doute avez-vous déjà entrepris un travail sur vous (thérapie, stage, etc.), sans quoi votre fragilité risque de s'accentuer avec le temps…

Entre 10 et 18 : amour de vous plutôt fragile

Votre amour de vous semble assez fragile. Il existe, mais semble limité, contenu ou freiné… par quoi ? Cherchez les freins (en vous) et rappelez-vous que l'Amour est inconditionnel… Par conséquent, vous n'avez rien à prouver, rien à faire pour l'obtenir (pour l'acheter ?). Et prenez vos distances avec les gens qui ne vous aiment pas (vraiment).

Entre 19 et 27 : amour de vous solide

Bonne nouvelle : votre amour de vous est plutôt bon, sans être pour autant excessif. Bien sûr, vous pouvez encore progresser (ce petit livre est là pour cela). Continuez de cultiver parallèlement vos talents et… votre humilité.

28 ou plus : amour de vous excessif (?)

Attention ! Votre amour de vous semble très bon, voire trop bon : vous êtes fier de vous et de vos capacités, mais ne tombez pas dans l'orgueil ou le mépris… Vous impressionnez sans doute beaucoup de monde, mais attention à la vanité, à la suffisance. Et rappelez-vous que *« La grandeur se montre dans la façon de traiter les petites gens[4]. »*

C) La confiance en soi et l'assurance

Pour la déterminer, répondez sincèrement et spontanément aux différentes questions. Cochez la lettre (A, B, C) correspondant aux réponses qui vous concernent (plusieurs réponses possibles). **Si aucune réponse ne vous convient, ne répondez rien.**

4. Idem.

1) Vous vous sentez capable de :

A ❒ Réussir au travail ou à l'école
B ❒ Séduire / vous faire aimer
C ❒ Vous débrouiller concrètement

2) Vous avez déjà pris des risques :

A ❒ Au travail / à l'école
B ❒ Avec vos proches (amour, amitié)
C ❒ Dans la vie concrète / physique

3) Vous êtes fier :

A ❒ D'avoir obtenu un diplôme ou un poste
B ❒ D'avoir séduit quelqu'un
C ❒ D'avoir réussi dans un sport

4) On vous a déjà confié des responsabilités :

A ❒ Au travail / à l'école
B ❒ Avec vos proches (amour, amitié)
C ❒ Dans la vie concrète / physique

5) Malgré vos réticences, on vous confie :

A ❒ Des projets ou des dossiers difficiles
B ❒ Des conflits à gérer
C ❒ Des tâches domestiques difficiles (bricolage)

6) Vous paraissez sûr de vous :

A ❒ Devant un « jury »
B ❒ En amour
C ❒ Au volant

7) Vous avez ou aviez de grands projets :

A ❒ Professionnels
B ❒ Affectifs
C ❒ Concrets / matériels / financiers

8) Finalement, vous arrivez assez bien à :

A ❒ Écrire un rapport, un mémoire ou une thèse
B ❒ Parler en public
C ❒ Retaper un logement

9) La vie vous a forcé précocement à :

A ❐ Prendre des responsabilités au travail
B ❐ Prendre en charge vos proches
C ☒ Vous débrouiller seul à la maison

10) Vous assumez totalement :

A ❐ Vos idées
B ☒ Vos goûts
C ❐ Votre corps

11) Vous décidez rapidement :

A ☒ Au travail / à l'école
B ❐ Avec vos proches (amour, amitié)
C ❐ Dans la vie concrète / physique

12) Vous vous sentez capable de :

A ❐ Mener une expertise dans votre domaine
B ☒ Former ou encadrer des salariés
C ☒ Faire des exploits physiques (sport, sexe…)

Analyse de vos résultats

Confiance en soi

Additionnez le nombre de A, de B et de C, puis additionnez le total (A + B + C) :

- Nombre de A (maximum 12) ....
- Nombre de B (maximum 12) ....
- Nombre de C (maximum 12) ....
- **Total** A + B + C (maximum 36) ....

Interprétation des lettres

- **A** correspond à la confiance en vos compétences intellectuelles (votre intelligence).
- **B** correspond à la confiance en vos compétences relationnelles (votre capacité d'influence).
- **C** correspond à la confiance en vos compétences physiques (sportives, sexuelles, pratiques).
- **Le total** (A + B + C) correspond à votre confiance en vous générale (trois domaines confondus).

Interprétation des scores par domaine

3 ou moins : confiance en vous faible

Votre confiance en vous (dans ce domaine) semble vraiment faible... Sans doute avez-vous subi un ou plusieurs échecs, que vous n'avez pas forcément digérés. Savez-vous qu'il existe des moyens pour guérir cela : les thérapies brèves : TCC (Thérapies Comportementales et Cognitives), hypnose, etc. ?

Entre 4 et 6 : confiance en vous plutôt faible

La situation est grave, mais pas désespérée (dans ce domaine). La preuve : vous lisez ce livre. Connaître et surtout reconnaître sa maladie, c'est la moitié de la guérison. Alors continuez et allez jusqu'au bout. Et transformez vos échecs en apprentissage !

Entre 7 et 9 : bonne confiance en vous

Bonne nouvelle : votre confiance en vous dans ce domaine est (plutôt) forte, sans être pour autant excessive. Bien sûr, vous pouvez encore progresser (ce petit livre est là pour cela). Continuez de cultiver parallèlement votre assurance. Ainsi, vous pourrez développer l'audace, la bravoure, la certitude, le cœur, le courage, le cran, le culot, la décision, détermination, l'énergie, l'esprit d'entreprise, la fougue, la hardiesse, l'innovation, la liberté, la nouveauté, l'originalité, la résolution, la vaillance, la fermeté, etc.

10 ou plus : confiance en vous excessive

Attention ! votre confiance en vous dans ce domaine semble très forte, voire trop forte : vous être sûr de vous et de vos capacités, vous impressionnez sans doute beaucoup de monde, mais attention ; vous risquez de basculer dans l'orgueil ou le mépris, la vanité, la suffisance, l'aplomb, l'arrogance, l'effronterie, le fanatisme, la folie, l'immodestie, l'impétuosité, l'imprudence, l'inconvenance, l'indécence, l'indiscrétion, l'insolence, l'intrépidité, la légèreté, la licence, la présomption, la suffisance, le toupet ou la prétention…

Interprétation du score total

Au plus 9 : estime de vous faible

Votre confiance en vous semble vraiment faible... Sans doute avez-vous subi un ou plusieurs échecs, que vous n'avez pas forcément digérés. Savez-vous qu'il existe des moyens de les transformer (les thérapies brèves : TCC, hypnose, etc.) ?

Entre 10 et 18 : confiance en vous plutôt faible

La situation est grave, mais pas désespérée. La preuve : vous lisez ce livre. Connaître et surtout reconnaître sa maladie, c'est la moitié de la guérison, non ? Alors continuez et allez jusqu'au bout... Et transformez vos échecs en apprentissage !

Entre 19 et 27 : confiance en vous plutôt forte

Bonne nouvelle : votre confiance en vous est plutôt forte, sans être pour autant excessive. Bien sûr, vous pouvez encore progresser (ce petit livre est là pour cela). Continuez de cultiver et d'entretenir parallèlement votre assurance.

28 ou plus : confiance en vous excessive (?)

Attention ! Votre confiance en vous semble très forte, voire trop forte : vous êtes fier de vous et de vos capacités, mais ne tombez pas dans l'orgueil ou le mépris… Vous impressionnez sans doute beaucoup de monde, mais attention à la vanité, à la suffisance. Et rappelez-vous : *« La grandeur se montre dans la façon de traiter les petites gens[5]. »*

D) Synthèse de vos résultats

Ce tableau va vous permettre de déterminer votre image globale (synthèse des 3 aspects).

- Estime de soi .... sur 36
- Amour de soi .... sur 36
- Confiance en soi (Assurance) ... sur 36
- **Total** (des trois) .... sur 108
- Reportez le résultat général des trois tests précédents en inscrivant un gros point dans la case correspondante.

5. Idem.

- Additionnez ces trois scores et reportez le résultat dans la quatrième colonne (image).
- Reliez les quatre points pour faire un graphique.

Interprétation

1) Domaine par domaine

Entre 0 et 8 : score (très) faible

Vous avez une véritable carence, mais rien n'est définitif, alors réagissez !

Entre 9 et 18 : score (plutôt) faible

La situation est grave, mais pas désespérée. Consultez surtout les chapitres correspondants.

Entre 19 et 28 : score (plutôt) élevé

Bravo ! Votre image est positive, mais pas trop… Continuez comme cela !

29 ou plus : score très (trop ?) élevé

Attention ! Vous êtes probablement en excès d'estime de vous (orgueil ou vanité), d'amour (narcissisme) ou d'assurance (témérité, ou présomption).

	Estime	Amour	Confiance en soi	Image globale	
36					108
34					102
32					96
30					90
					87
28					84
26					78
24					72
22					66
20					60
					57
18					54
16					48
14					42
12					36
10					30
					27
8					24
6					18
4					12
2					6
0					0

2) Votre moyenne générale (image)

Votre moyenne générale des trois notions indique la qualité de votre image de vous-même : plus cette moyenne est élevée, plus votre image est positive :

Entre 0 et 27 : image de vous délabrée

Il semble que votre image de vous-même soit négative, voire très négative. Heureusement, vous avez eu le courage de lire ce livre et d'arriver jusqu'ici. Connaître sa maladie, c'est la moitié de la guérison. Il vous reste à comprendre pourquoi et (surtout) à changer…

Entre 28 et 57 : image de vous (plutôt) négative

Il semble que votre image de vous-même soit plutôt négative, mais votre cas n'est pas désespéré. Votre mission : comprendre les freins qui vous empêchent de faire décoller votre image positivement et les réduire progressivement.

Entre 58 et 87 : image de vous (plutôt) positive

Bonne nouvelle : vous semblez avoir trouvé l'équilibre entre une bonne image de vous-même et l'humilité nécessaire pour ne pas tomber dans l'arrogance. Vérifiez néanmoins que cet équilibre est vrai dans les trois domaines et rappelez-vous qu'il s'agit d'un équilibre dynamique, donc instable…

88 ou plus : image de vous très (trop) positive

Attention ! Vous êtes manifestement trop sûr de vous. Vous risquez donc d'être (perçu comme) trop arrogant, vaniteux, prétentieux ou orgueilleux, surtout si vous êtes un homme ! À moins que vous ne soyez (ou ne sembliez) trop « amoureux » de vous (de votre image ?) : cela s'appelle du narcissisme et signifie que vous êtes incapable d'aimer vraiment (vous utilisez les autres comme des objets et les jetez quand ils ne vous admirent plus).

3) Type de courbe :

• Courbe plate :

Si votre courbe est plutôt horizontale (différence entre les deux extrêmes inférieure à quatre points), cela signifie que votre score général est le reflet de vos scores par domaines et qu'ils sont homogènes. L'avantage, c'est que vous n'avez pas de « trou » ou de (gros) point faible. L'inconvénient, c'est que vous n'avez pas de « moteur » (gros point fort) qui pourrait entraîner les autres notes vers le haut.

• Courbe inégale :

Si votre courbe est inégale, accidentée, en relief (écart supérieur à quatre points pour les trois premières colonnes), cela signifie que votre score général ne reflète pas vos scores par domaines. L'avantage, c'est que vous avez un « moteur » (gros point fort) qui peut tirer les autres notes vers le haut et sur lequel vous pouvez vous appuyer pour vous reconstruire en cas d'échec. L'inconvénient, c'est que vous avez (au moins) un « trou » et donc (au moins) un gros point faible, qui risque de vous fragiliser parfois (en cas d'échec, de blocage…).

Mais votre « travail » est plus facile puisque votre « front » est plus étroit : un ou deux points faibles.

E) La timidité

La timidité est à la fois :

- un trait de caractère ;
- un type de personnalité ;
- un trouble du comportement (et de la relation) ;
- une excroissance de la peur ;
- un complexe (mélange d'émotions opposées) d'infériorité.

Les composantes de la timidité sont :

- une hyper-sensibilité (tout être humain est sensible, certains beaucoup plus que d'autres) ;
- une imagination débordante déviée par un pessimisme / négativisme important ;
- une image de soi fondamentalement négative ;

- un esprit critique exacerbé voire acéré ;
- un perfectionnisme négatif (utilisation de la perfection comme d'un modèle qu'il faudrait avoir atteint).

1) Le complexe d'infériorité

D'où vient ce sentiment universel d'infériorité ? De votre enfance évidemment ! Mais pas uniquement de vos parents et des autres éducateurs : c'est votre situation même d'enfant qui a généré ce sentiment…

Rappelez-vous d'abord qu'étant bébé vous étiez totalement inachevé, inapte à la survie et totalement dépendant des autres… contrairement aux autres espèces. Nous sommes donc « inférieurs » aux animaux sur ce plan-là. Ceux qui critiquent « la société » feraient bien de se souvenir de tout ce qu'ils en ont reçu… sans aucune contrepartie ou presque (un peu de travail à l'école ?).

Il est à noter que cette dépendance augmente avec la civilisation et les siècles : dans la plupart des sociétés anciennes, les enfants deviennent adultes vers seize ans (les Romains) ou même plus tôt : quatorze, treize, douze ou même onze ans dans les sociétés primordiales (celles que l'on qualifiait de « primitives »). Et ce passage de l'enfance à la maturité se fait en quelques jours ou quelques heures, grâce à des rites de passage souvent très violents…

L'adolescence est une création occidentale et récente dans l'histoire. C'est l'obligation d'aller à l'école de plus en plus longtemps qui a repoussé à chaque fois l'âge de la maturité réelle (et non légale). Le film Tanguy tourne en dérision cette tendance des enfants à s'incruster au domicile familial.

La conséquence de cette prolongation de l'enfance est une prolongation (artificielle) de la dépendance. C'est ce qui explique (en partie) les crises d'adolescence, puisque à l'adolescence la croissance est quasiment achevée, les corps (surtout chez les femmes) ainsi que les capacités intellectuelles et de procréation sont arrivés à maturité.

Tous les enfants se sentent donc (plus ou moins) infériorisés, dominés, écrasés et frustrés par les adultes, pendant des années. La prolongation de cette frustration et de cette infériorité est insupportable et elle génère une réaction, plus ou moins consciente de compensation.

C'est Alfred Adler qui a découvert l'importance de ce sentiment d'infériorité chez l'enfant et de ce mécanisme de compensation dans la construction de la personnalité de l'adulte. Ce sentiment s'appuie évidemment sur toutes les maladies, affections, singularités et infirmités physiques ou psychiques : une taille très petite ou au contraire très grande, des oreilles décollées, une dissymétrie oculaire, des cheveux roux, une origine ou une langue étrangère, une religion différente, une intelligence limitée ou au contraire vive, une maturité précoce ou en retard, etc. Ce sentiment d'infériorité utilise toutes les différences, de toutes sortes (comme un prétexte) pour s'objectiver et se justifier.

Pour Adler, ce sentiment d'infériorité persiste indéfiniment. Ainsi l'enfant, puis l'adulte passe sa vie à le compenser de toutes les façons possibles. Il y réussit plus ou moins bien, plus ou moins durablement. C'est pourquoi la lutte n'est jamais gagnée et c'est pourquoi la compensation devient une surcompensation, source de nos qualités, de nos compétences et de nos réussites les plus spectaculaires (comme le bègue Démosthène qui devint le plus grand orateur de la Grèce antique). Mais il s'agit d'un complexe : au fond, nous ne sommes ni dupes, ni jamais vraiment heureux, comme Marilyne Monroe, devenue la plus grande séductrice de son époque, pour tenter de combler un vide affectif paternel insupportable… D'où sa dépression, sa folie et sans doute son suicide.

Le complexe d'infériorité est donc la superposition de deux sentiments contradictoires : un sentiment d'infériorité (souvent inconscient) et un sentiment (artificiel) de supériorité affichée. Ces deux sentiments plus ou moins conscients luttent en permanence et dominent à tour de rôle la conscience du sujet. C'est ce qui explique l'alternance des attitudes et des discours sur soi : « Je suis le meilleur / Je suis le plus nul. » Ce qui trahit le complexe d'infériorité, c'est justement le besoin irrépressible d'affirmer sa supériorité aux yeux des autres, mais en réalité surtout à soi-même. Un individu conscient de sa valeur n'éprouve pas ce besoin de se rehausser sans arrêt, comme pour museler la petite voix intérieure qui affirme le contraire…

2) Les relations familiales et fraternelles

L'enfant qui n'est pas (encore) structuré construit sa personnalité en observant et en imitant ses parents. Mais il construit aussi ses relations en observant et en imitant les relations au sein de sa famille.

Si, par exemple, les deux parents préfèrent un autre enfant (voire plusieurs autres), alors il en déduit qu'il n'est pas (vraiment) « aimable » et cette déduction construit durablement sa personnalité…

Évidemment les choses ne sont pas toujours aussi simples. Il se peut que l'un des parents préfère la petite sœur, mais pas l'autre, ou l'inverse. Plus il y a d'enfants et plus la hiérarchie est complexe et susceptible de changer. Car les sentiments ont une inertie plus grande que les émotions, mais peuvent néanmoins évoluer, notamment à la naissance d'un enfant ou lors de son départ (ou sa disparition). En fait, tout évènement marquant peut « remettre les compteurs à zéro » et bouleverser cette hiérarchie affective. Et plus cette histoire familiale est complexe, plus il est difficile de dénouer les fils d'Ariane sentimentaux qui nous emprisonnent.

Ce qui importe est moins la réalité des sentiments et des préférences des parents que la perception qu'en a l'enfant… D'ailleurs, les parents reconnaissent rarement leurs préférences, soit qu'ils ne les assument pas, soit qu'ils n'en ont pas conscience. Si vous pensez que vos parents préféraient vos autres frères et sœurs, vous vous êtes dévalorisé et avez perdu une part importante de votre amour de vous-même, de votre estime de vous-même et de votre confiance en vous, que cela soit vrai ou faux!

Exercice

Pour retrouver la source de vos carences sur le plan de votre image, posez-vous les questions suivantes:

- Selon vous, quelle place dans **la « hiérarchie » affective** occupiez-vous pour chacun des membres de votre famille: ....

– Étiez-vous le préféré, le souffre-douleur (ou ni l'un ni l'autre) de votre mère?: ....

– Étiez-vous le préféré, le souffre-douleur (ou ni l'un ni l'autre) de votre père? ......

– Étiez-vous le préféré, le souffre-douleur (ou ni l'un ni l'autre) de chacun de vos grands-parents? ....

– Avez-vous eu dans votre enfance (de préférence à la maison) quelqu'un pour compenser une mauvaise place et, si oui, qui était-ce? Une tante, un ami de la famille, un voisin? Avez-vous eu à l'extérieur quelqu'un pour vous soutenir, vous reconstruire ou vous aimer? Un professeur, un prêtre, quelqu'un d'autre? ....

...

…

- Selon vous, dans votre famille, étiez-vous perçu comme le plus ou le moins intelligent ? Autrement dit, quelle place dans **la « hiérarchie » intellectuelle** (scolaire puis professionnelle) occupiez-vous ....

– pour votre mère ? ....

– pour votre père ? ....

– pour vos grands-parents ? ....

– Avez-vous eu quelqu'un pour compenser une mauvaise place dans ce contexte et, si oui, qui était-ce ? Une tante, un ami de la famille, un voisin ? Un professeur, un prêtre, quelqu'un d'autre ? ....

- Selon vous, dans quelle mesure les membres de votre famille vous faisaient-ils confiance pour agir ? Autrement dit, quelle place dans **la « hiérarchie » de l'action** (sport, cuisine, bricolage, vie domestique ou vie tout court) occupiez-vous ....

– pour votre mère ? ....

– pour votre père ? ....

– pour vos grands-parents ? ....

– Avez-vous eu quelqu'un pour compenser une mauvaise place dans ce contexte et, si oui, qui était-ce ? Une tante, un ami de la famille, un voisin ? Un professeur, un prêtre, quelqu'un d'autre ? ....

Que vous apprend cet exercice ? Il devrait, en tous cas, vous permettre de relativiser votre image de vous-même et de diminuer l'impact négatif de votre enfance… Dites-vous que vous avez construit votre image avec les éléments fournis par votre entourage. Par conséquent, vous n'avez rien à vous reprocher : on ne construit pas une maison sans matériau de construction et sans outils…

Chapitre 2

Les solutions : le rééquilibrage

Rééquilibrer / améliorer votre image

Que faire pour rééquilibrer ou améliorer votre image, c'est à dire l'estime de vous, l'amour de vous et la confiance en vous ? Cette question en apparence simple recouvre en réalité trois axes différents.

- Urgence : cherchez-vous un traitement de choc ou de fond ?
- Équilibre : êtes-vous dans la carences ou dans l'excès ? (la timidité ou l'ego surdimensionné ?)
- Personne : cherchez-vous des solutions pour vous ou pour quelqu'un d'autre ?

Ces trois dimensions se recoupent, évidemment. Finalement, c'est l'axe et le critère de temps (urgence) qui a été retenu ici pour structurer le grand nombre de solutions. Mais un chapitre est consacré à l'excès (image trop forte : l'ego) et un autre aux solutions que vous pouvez éventuellement apporter aux autres (les personnes dont vous avez la charge : vos enfants, vos collaborateurs, vos élèves ou vos patients / clients). Mais à tout seigneur, tout honneur : commencez (toujours) par vous-même.

A) Traitement de choc ou de crise

Voici dix solutions pour « booster » ponctuellement votre image (à la hausse).

1) Définition d'objectif(s)

« Il n'y a pas de vents favorables à qui ne connaît pas son port. » (Épictète). J'ai constaté que la quasi-totalité des personnes timides n'ont pas d'objectifs clairs. J'en déduis que l'image positive de soi s'appuie en grande partie sur des objectifs clairs et positifs : si vous ne savez pas ou vous voulez aller, vous perdez immédiatement votre force et votre assurance. À l'inverse, la définition d'un ou plusieurs objectifs a un effet dynamisant ou redynamisant. C'est pour cette raison que Milton Erikson (l'inventeur de l'hypnose qui porte son nom) commençait toujours par cette étape et y consacrait souvent une séance entière, voire plusieurs. C'est aussi pourquoi elle est devenue un des piliers de la PNL (la Programmation Neuro-Linguistique), qui s'appuie beaucoup sur les découvertes de Milton Erickson. C'est également pour la même raison qu'elle s'est généralisée au coaching et au management.

Vous pouvez donc utiliser cette technique à n'importe quel moment, car le manque ou la perte d'assurance n'est jamais irréversible. Définir votre objectif vous redonne du pouvoir et de l'assurance. Comment procéder ? Il vous suffit de transformer vos désirs en objectifs au sens strict. Pour cela, vous devez répondre à une série de questions très précises :

- **Que voulez-vous ?**

  L'objectif doit être SMART (acronyme) :

Exemple : vous avez le désir « d'apprendre l'anglais ». Voici comment le transformer en objectif :

– **S**pécifique (précis) : parler l'anglais des affaires ;
– **M**esurable : obtenir 750 au TOEIC[6] ;
– **A**gréable : me permettra d'obtenir une bourse ;
– **R**éalisable (ressources) : j'ai déjà obtenu 580 ;
– **T**emporel (assorti d'un délai) : dans un an.

- **Pourquoi ?**
  – Quelle motivation, besoin ou valeur vous pousse à vouloir apprendre l'anglais ?

- **Avec quel critère ?**
  – Comment saurez-vous que vous avez atteint votre objectif ? Soyez précis… Par exemple, pouvoir parler une heure au téléphone en anglais.

---

6. *Test Of English for International Communication*, test d'anglais qui évalue les compétences en anglais dans le milieu professionnel.

- **Existe-t-il un risque pour vous ?**
  - Que risquez-vous de perdre si vous réussissez ?

Par exemple, vous ne pourrez plus vous cacher derrière votre conjoint ou une amie.

  - Cet objectif peut-il nuire à quelqu'un de proche ?

Par exemple, vous risquez de faire de l'ombre à votre conjoint.

- **Où ? Quand ? Avec qui ?**
  - Visualisez le déroulement et votre réussite, comme dans un film.

- **Avez-vous des freins ?**
  - Qu'est-ce qui vous empêche de réussir aujourd'hui ? Ou : pourquoi ne l'avez-vous pas déjà atteint ?

Par exemple, la peur d'échouer, le sentiment d'être nul en langue ou la peur d'y consacrer trop de temps ?

- **Comment pouvez-vous les dépasser ?**
  – Quels sont vos ressources (temps, argent, énergie, alliés) ?

Par exemple, si vous avez de l'argent, vous pouvez vous offrir un cours d'anglais, avec un professeur particulier ou non, ou bien un séjour linguistique en immersion (deux semaines chez l'habitant).

  – Sur quoi ou sur qui (alliés) pouvez-vous vous appuyer ?

Par exemple, vous avez un ami anglais qui est d'accord pour parler avec vous en anglais.

> **Reformulez votre objectif** en une seule phrase compréhensible par tout le monde. Si elle n'est pas claire, reformulez votre objectif.

2) Concentration

Définissez un objectif ou plusieurs… mais pas trop ! Attention à la dispersion et à l'éparpillement. Le secret c'est, au contraire, la concentration de toutes vos forces en un point donné. C'est le secret de Polichinelle de la stratégie militaire. C'est une des raisons méconnue (ou rarement évoquée) de la suprématie des hommes en entreprise : ils ont plus facilement tendance à tout miser sur leur carrière et à sacrifier tout le reste. Un ami DRH[7] me confiait récemment qu'il avait remarqué que tous les top managers qu'il connaissait n'avait quasiment aucune vie extra-professionnelle (familiale, associative, culturelle…) : rien en dehors de leur travail…

Il ne s'agit donc pas (si vous êtes une femme) de singer les hommes dans ce qu'ils ont de pire… Il ne s'agit pas non plus (si vous êtes un jeune) de singer vos parents (génération des trente glorieuses) et de tout sacrifier à votre « réussite », ce serait une « victoire à la Pyrrhus[8] ».

La solution de ce paradoxe dépend évidemment de vous, de votre appétit, de votre énergie, mais aussi de vos contraintes. Il existe un système qui permet de le résoudre assez

7. Directeur des Ressources Humaines
8. Victoire avec un coût dévastateur pour le vainqueur

facilement : ayez plusieurs projets en cours (trois par exemple, mais un seul par domaine : un projet pour votre famille, un deuxième pour votre travail et un dernier pour votre vie sociale), mais concentrez-vous vraiment sur un seul à la fois. Et éventuellement, hiérarchisez-les (quitte à changer cette hiérarchie en cours de route).

3) Constance

La concentration ne sert à rien sans la continuité dans le temps : pensez à votre objectif tous les jours. Parlez-en au maximum de personnes. Visualisez-le aussi souvent que possible. Imprégnez-vous-en et faites en sorte que ce soit la pensée dominante de votre journée, de votre semaine, de votre mois et de votre année (selon la difficulté de l'objectif). Pour ce faire, utilisez des symboles et des objets, photos, fonds d'écran, dessins, bijoux, accessoires qui vous rappellent immédiatement votre objectif.

Persévérez : réussir du premier coup est une exception à la règle générale qui est d'échouer d'abord (un certain nombre de fois) avant de réussir. Vous connaissez certainement la « Loi de l'attraction » qui attire inexorablement à vous le fruit de vos pensées, émotions et paroles, qu'elles soient positives ou négatives. Mais peu de gens la vérifient et la pratiquent, car cette loi demande du temps, ce qui va à l'encontre de notre époque, où tout va de plus en plus vite (*« La dictature de l'urgence »* de Gilles Finchelstein).

Recommencez : une journaliste interviewait Edison, un des plus grands inventeurs de tous les temps. Elle cherchait à lui arracher le « secret » qui lui avait permis d'inventer l'ampoule électrique. *« Mon seul secret,* lui dit-il, *consiste à considérer les échecs comme des expériences. »* Savez-vous combien d'expériences lui ont été nécessaires pour découvrir le filament de tungstène ? Plus de mille, selon les témoignages… Qui dit mieux ? Justement, il y a mieux : l'enfant ! Il paraît qu'en moyenne, un enfant doit faire environ deux à trois mille tentatives avant de pouvoir marcher. *« Le génie, c'est 1 % d'inspiration et 99 % de transpiration*[9]. *»*

9. Thomas Edison

Visualisez constamment votre objectif, car : « *C'est la répétition qui fait le maître* ». La loi de l'attraction ne fonctionne qu'avec votre énergie, vos pensées, vos émotions et votre attention. Ne changez pas d'objectif en cours de route et ne doutez jamais de votre réussite. Ces deux travers très courants sont des sabotages malheureusement très efficaces.

4) Volonté

Le principe actif de la volonté est la détermination. Mesurez votre degré de détermination en vous demandant combien de ressources (temps, énergie et argent) vous êtes prêt à miser, à risquer et à investir ? Jusqu'où êtes-vous prêt à aller ? Qu'êtes-vous prêt à donner, à investir, à risquer, voire à perdre pour cela ? Quelles ressources êtes-vous prêt à risquer : combien de temps, d'énergie, d'argent, de pouvoir, de privilèges ou de liberté ? Combien d'efforts êtes-vous prêt à fournir ?

Dans un projet qui concerne d'autres personnes – par exemple séduire quelqu'un (un homme, une femme, un recruteur) ou négocier quelque chose avec quelqu'un (un vendeur, un acheteur, un banquier...), ou encore obtenir plus de collaboration (travail) de quelqu'un – êtes-vous prêt à faire tous les efforts et tout le chemin, sans compter sur les autres ? Nombre de personnes croient que chacune des deux parties doit faire la moitié du chemin et ne font effectivement que la moitié des efforts. Mais cette croyance est erronée, car personne ne vous doit rien et vous êtes responsable de vos désirs et projets « c'est celui qui veut qui doit ». Autrement dit, si c'est vous qui voulez séduire cette personne, c'est à vous de faire tout le chemin, tous les efforts.

La volonté se mesure (mais si !) également au nombre d'échecs que vous êtes prêt à « encaisser » et à dépasser. Combien d'échecs êtes-vous prêt à essuyer et combien de fois êtes-vous prêt à vous relever ?

Évidemment vous ne pouvez pas répondre maintenant, de façon abstraite. Mais lorsque vous douterez de votre volonté, rappelez-vous alors ces questions fondamentales. Et peut-être qu'alors vous déciderez de jeter l'éponge… en toute connaissance de cause, donc avec lucidité, mais sans rien regretter.

La bonne nouvelle, c'est que la volonté peut se développer… n'importe quand. Vous pouvez donc décider (maintenant) de la développer pour transformer vos rêves en objectifs et vos désirs en réalisations. Comment la développer ? En agissant et en recommençant après un « échec ». Plus vous agissez, plus vous développez votre volonté. À chaque effort, vous la développez un peu plus. À chaque fois que vous vous relevez et recommencez, vous augmentez votre volonté et votre image positive.

5) Non-retour

Interdisez-vous l'échec, la fuite, etc. Tous ceux qui l'ont fait ont échoué. L'histoire militaire est à cet égard tout à fait éclairante : tous les généraux qui se sont donnés le droit à l'échec ont échoué (et la plupart sont morts). Savez-vous comment Jules César a conquis la Britania (l'Angleterre) ? Il a d'abord « essayé » de la conquérir une première fois, mais sans succès. Il est donc revenu une seconde fois et a pris une décision tout à fait incroyable : il a brûlé tous ses navires pour signifier à ses légionnaires qu'ils n'avaient plus qu'une alternative : vaincre ou mourir… Alors ils ont vaincu.

A contrario, Napoléon et Hitler n'ont pas su s'arrêter à temps face à un ennemi quasi invincible : non pas les Russes, mais le Général Hiver… Et cet acharnement leur a coûté leur armée… Plus subtil, le général grec Pyrrhus s'est battu contre les Romains et a très souvent gagné ses batailles. Mais à Ausculum (-279 av JC), il a perdu tellement de soldats (dont les meilleurs) qu'il a dit : *« Encore une victoire comme celle-là et je suis perdu ! »* C'est l'origine de l'expression : *« une victoire à la Pyrrhus »*. Tout ceci pour dire qu'il faut aussi savoir s'arrêter à temps et non s'entêter bêtement… Comment savoir s'il faut continuer ou s'arrêter ? Souvent, il suffit d'écouter les autres, les proches qui mettent moins d'ego en jeu que nous…

Vous devez donc à la fois vous interdire d'échouer lorsque vous êtes vraiment motivé et que votre objectif est accessible, et reconnaître un échec ou savoir lâcher prise, quand la réalité vous montre que l'acharnement est inutile est destructeur.

« N'essayez pas, faites ou ne faites pas ! » (Maître Yoda, dans le film culte *Starwars*). Quand vous dites à quelqu'un : *« J'essaie de t'appeler demain… »*, vous lui dites en réalité : *« Je veux que tu saches que je pense à toi et que j'ai l'intention de t'appeler, mais que je ne le ferai pas, parce que j'ai d'autres priorités. »* Vous mentez à l'autre et à vous-même, et vous volez votre interlocuteur en lui faisant miroiter quelque chose que vous (savez que vous) ne lui apporterez pas. Parce que dès le début, vous vous donnez le droit à l'erreur.

Il est évidemment toujours tentant de fuir, de changer d'avis, de se laisser porter (par les évènements ou les autres), ou simplement de vivre au gré de ses envies (qui changent en permanence). Mais vous n'obtiendrez pas grand chose (sinon rien) en essayant seulement, car la plupart des projets rencontrent des obstacles, des difficultés ou des retards. Si rien ne vient contrarier votre objectif, c'est qu'il était trop facile ou déjà réalisé en partie...

6) Engagement

J'ai animé des stages de développement personnel auprès de particuliers (à Paris et dans le désert) pendant près de quinze ans. La plupart des participants étaient ravis et sortaient des stages « gonflés à bloc ». Mais le retour à la réalité était souvent douloureux et la rechute fréquente. J'ai compris qu'il fallait lancer une « tête de pont » entre le stage et la réalité quotidienne. J'ai donc demandé à chaque participant de s'engager à faire quelque chose de concret dès le stage terminé. Chacun fixait lui-même son engagement et l'annonçait solennellement devant le groupe entier. De fait, la plupart des participants ont réalisé leur engagement...

J'ai moi-même été piégé (positivement) par cette technique car, un jour, un stagiaire m'a demandé de m'engager comme les autres. J'aurais pu botter en touche facilement, mais j'ai pensé que c'était à la fois cohérent, stimulant pour moi et motivant pour eux. Je me suis donc engagé à écrire (et publier) un livre dans un an… À cette époque, c'était loin d'être évident. J'en rêvais depuis l'âge de onze ans, mais j'avais toujours repoussé le moment fatidique de m'y coller (tendance à la procrastination). Cet engagement m'a littéralement électrisé : à peine étais-je rentré chez moi, que j'ai commencé à me poser les bonnes questions : quel thème de livre ? Quelle est ma plus grande compétence ? Comment faut-il faire pour trouver un éditeur ? J'ai réfléchi, agi et consulté des experts. Environ un an et demi plus tard, Jouvence publiait mon premier livre : *Morphopsychologie, le visage miroir de la personnalité.*

« Avant d'être totalement engagé, l'hésitation nous tenaille, il reste une chance de se soustraire à l'initiative, toujours la même impuissance devant la création.

Il existe une vérité première dont l'ignorance a déjà détruit d'innombrables idées et de superbes projets : au moment où l'on s'engage totalement la providence éclaire notre chemin.

Une quantité d'éléments sur lesquels on ne pourrait jamais compter par ailleurs contribue à nous aider.

La décision engendre un torrent d'évènements et l'individu peut alors bénéficier d'un nombre de faits imprévisibles, de rencontres et du soutien matériel que nul n'oserait jamais espérer.

Quelle que soit ce que vous croyez pouvoir faire ou rêvez de faire, faites-le.

L'audace a du génie, de la puissance et de la magie.

Commencez dès maintenant[10]*…* »

7) Investissement

Vivez comme si c'était votre dernier instant. Ce conseil simple et connu est pourtant difficile sinon impossible à suivre. Pourquoi ? Parce que (quasiment) tous les êtres humains dorment ou rêvent, selon les Toltèques. C'est d'ailleurs pourquoi on qualifie les maîtres « d'éveilleurs ». En fait, la quasi-totalité vivent

10. Goethe (repris par W. Murray dans *L'expédition écossaise dans l'Himalaya*)

leur vie comme s'ils étaient immortels. Ils confondent leur vie (qui est unique) avec leur âme (qui est effectivement immortelle). Il faut être mort ou être passé très près de la mort pour en prendre conscience et se réveiller…

Une fois réveillé, il est impossible de se rendormir, car l'expérience est marquante à jamais. Naît alors un sentiment paradoxal d'extrême vulnérabilité (*« Ma vie ne tient qu'à un fil »*), associé à une extrême vitalité / rage de vivre : *« La vie est trop précieuse pour en gaspiller une miette. »*

« Fais bien ce que tu fais, ne fais rien à peu près ! » Pourquoi vivre à moitié ? En prévision de quoi ? Qu'y a-t-il de pire que de se réveiller au dernier moment de sa vie et de réaliser (enfin !) que la vie est faite pour être vécue… Or il n'y a que deux façons de vivre sa vie : à fond (passionnément) ou à moitié.

Si vous ne vous investissez pas complètement, ne vous étonnez pas de tout rater… Si vous aimez à moitié (du bout du cœur), attendez-vous à être à moitié heureux (et donc à moitié malheureux). Si vous faites votre travail « à moitié », ne soyez pas surpris si les augmentations, les formations et les promotions vous passent sous le nez et soient accordées à d'autres.

Libérez-vous de la peur et de l'inhibition qui freinent tous vos élans et vos actions. Débarrassez-vous de la culpabilité, des regrets et des remords qui vous empoisonnent la vie. Arrêtez de vivre dans un monde « idéal » qui n'existe nul part, pour vous investir dans le seul monde réel qui est le vôtre. Oubliez les « si... » et les « quand » pour faire les choses maintenant, car le présent est votre seule réalité...

8) Décision

Vivre, c'est décider. Vous ne pouvez pas ne pas décider. Même quand vous ne décidez pas, vous décidez encore (de ne pas décider). C'est vrai aussi pour la délégation : déléguer, c'est décider de laisser quelqu'un décider à votre place. C'est vrai encore pour l'attente ou la procrastination : quand vous attendez, vous suspendez votre décision, vous décidez donc de ne pas décider sur le champ. Alors…

Décidez aussi souvent que c'est possible. Multiplier les décisions vous permet d'apprendre à mieux décider (notamment en cas d'erreur ou d'échec) et de développer progressivement votre image positive. Car contrairement à ce que beaucoup de gens croient, ce n'est pas (seulement) le succès qui développe l'image positive de soi, mais l'action et la décision.

Décidez rapidement afin de court-circuiter la procrastination, le doute et l'hésitation chronique qui nous guettent tous. De plus, décider libère votre esprit et vous accorde plus de temps pour « rectifier le tir », si par hasard le résultat de votre décision n'est pas conforme à vos attentes.

Décidez consciemment (et non pas sous la pression) : prenez le temps qu'il vous faut, mais acceptez de respecter le délai imparti :

une décision s'inscrit dans le temps réel, pas dans l'imaginaire (« Si j'avais le temps, les informations, les connaissances ou compétences... »). Avec des « si »...

Décidez seul plutôt qu'avec ou derrière les autres : apprenez à vous passer de tous les gens plus ou moins bien intentionnés qui vous conseillent ou cherchent à vous influencer (« Les conseilleurs ne sont pas les payeurs. »). Décider est un risque et vous seul pouvez et devez savoir quel risque vous êtes prêt à prendre. Cela ne vous empêche pas d'écouter les autres...

Faites confiance à votre intuition : apprenez à l'écouter, à lui faire confiance et à la vérifier. C'est ainsi que vous la développerez et, avec elle, une image plus positive de vous.

Par-dessus tout, assumez (toutes) vos décisions : il ne sert à rien de regretter, de refaire le monde, de supputer : dites-vous une fois pour toutes que vous avez forcément pris la meilleure décision possible, avec les moyens dont vous disposiez à l'époque : informations, connaissances et compétences, énergie, argent, temps et conscience. Vous avez forcément cherché (et pris) la meilleure décision possible compte tenu des contraintes de la vie réelle.

Enfin, si vous avez du mal à décider, apprenez ! Tout s'apprend, décider comme le reste. Formez-vous à la prise de décision, informez-vous, lisez des articles et des livres sur ce thème.

Discutez avec les (bons) décideurs, posez-leur des questions et écoutez-les. Puis expérimentez, testez et adaptez ce que vous avez compris ou retenu. Améliorer sans cesse votre compétence en la matière. Faites de chaque situation nouvelle un jeu, un sport, un défi… *« Transformez vos problèmes en processus d'apprentissage »* (Accord toltèque de synthèse).

9) Action / audace

Agissez immédiatement : une décision inappliquée ou reportée est inutile et dangereuse. La décision est le premier pas de l'action. Le second consiste à commencer à l'appliquer. Plus vous agissez rapidement, plus vous augmentez vos chances de réussite et plus vous attirez les aides et la chance (il parait qu'elle sourit aux audacieux...).

Commencez tout de suite. Arrêtez de reporter (procrastination) vos engagements et autres obligations : plus vous attendez, plus la situation devient compliquée, douloureuse et ingérable. Prendre une décision vous a galvanisé. Ne vous laissez pas retomber dans le marécage du doute ou le bourbier de l'attente. Agir immédiatement est un message fort que vous adressez à vos proches et à vous-même. Vous entretenez et développez ainsi votre assurance.

Enfin, n'oubliez pas cette citation célèbre : *« Qui veut agir trouve des moyens, qui ne veut pas agir trouve des prétextes. »*

Osez, il en restera toujours quelque chose de bon (pour vous) : un peu plus d'assurance. Puisque la décision est par définition un risque. Décidez, c'est oser et oser est courageux. Reconnaissez-vous ce courage à chaque pas en avant, à chaque marche, à chaque effort. La lâcheté vous incite à attendre ou à renoncer. Alors dédramatisez et faites-en jeu. Jouez à la vie…

Prenez des risques, mais pas n'importe lesquels, pas n'importe comment et pas à n'importe quel prix. Mais prenez-en quand même. Et augmentez progressivement les doses et la fréquence. Assez vite, vous devriez vous prendre au jeu. Car la prise de risque est un message que vous adressez entre autres à votre inconscient : « Je suis capable de sauter ce précipice… ».

Affirmez-vous ! Confrontez-vous aux autres : exprimez vos opinions, vos idées, vos projets. Opposez-vous mais ans agresser vos interlocuteurs. Difficile ? Non, il suffit de dire simplement votre vérité en commençant par le mot magique de l'assertivité (l'affirmation de soi sans agression d'autrui) : « Je » et interdisez-vous le « Tu » et le « Vous ». Par la même occasion, proposez à vos interlocuteurs d'en faire autant (après leur avoir expliqué le bien fondé de cette démarche).

B) Traitement de fond

Voici dix solutions pour « booster » durablement votre image (à la hausse) :

1) Connaissance de soi

Apprenez à vous connaître. Découvrez vos (vrais) besoins parmi les douze besoins. Attention ! Ces besoins sont opposés deux à deux, ce qui explique beaucoup de choses : les conflits (internes ou externes), l'hésitation, les revirements… Vous pouvez satisfaire tous vos besoins (simultanément), sauf les besoins opposés (que vous pouvez satisfaire successivement). Utilisez la « balance » des besoins (deux fois six) :

- besoins physiologiques ou intellectuels ;
- besoins de sécurité ou de liberté ;
- besoins d'appartenance
  ou de réalisation ;

- besoins de stimulation ou d'ordre ;
- besoins de communication ou de solitude ;
- besoins de reconnaissance ou de contrôle.

Clarifiez vos (vrais) désirs. Quelle est la différence entre un besoin et un désir ? Le besoin est naturel, universel, nécessaire, irremplaçable, interne, en petit nombre. Le désir est contingent, interchangeable, externe, infini : tout peut devenir objet de désir : les objets, les activités et même les personnes.

Quelques exemples :

– j'ai soif (besoin), et j'ai envie (désir) d'un thé ;
– j'ai besoin d'être reconnu et je veux être augmenté ;
– j'ai besoin d'être aimé et je souhaite vivre avec toi.

2) Relativité (des choses)

Relativisez les échecs ou erreurs : « *Errare humanum est, diabolicum perseverare* » : *L'erreur est humaine, ce qui est diabolique, c'est de persévérer (dans l'erreur)*. Mais quand vous en avez commis, reconnaissez-les et tirez-en les leçons (c'est l'utilité de la chose).

Interprétez les signes de façon positive, surtout s'ils sont neutres (par exemple un demi-échec est aussi une demie victoire). Regardez la bouteille à moitié pleine et non à moitié vide.

3) Philosophie

Changez vos pensées négatives et vos croyances illusoires en pensées et en croyances positives. Exemples de pensées négatives transformées :

« C'est la faute des autres, mes parents, la société. » > « Je suis le premier responsable de ma vie, de ce qui m'arrive ou pas, en positif comme en négatif. »

« Je n'ai pas ou n'avais pas le choix. » > *« J'ai toujours le choix, notamment celui de mes réactions. »*

« Je n'ai jamais de chance ! C'est toujours à moi que ça arrive ! » > *« Le hasard ne favorise que les esprits préparés*[11]*. », « La chance sourit aux audacieux. »*

« Tout va mal ! Le monde est mal fait, la vie est mal faite. » > *« Malgré les souffrances, les choses s'améliorent naturellement et j'y contribue avec mes moyens. »*

4) Thérapie

Débarrassez-vous de vos émotions négatives et de vos scénarios répétitifs qui vous polluent et vous empoisonnent l'existence. Commencez par travailler seul (lecture, réflexion, méditation...). Si vous n'arrivez pas à le faire seul, parlez-en à quelqu'un de confiance (conjoint, parent, vrai ami...). Parfois le seul fait d'en parler libère des émotions bloquées ou refoulées...

11. Pasteur

Enfin, si cela ne suffit pas, faites-vous aider par un professionnel. Privilégiez les thérapies émotionnelles (Gestalt) ou les thérapies brèves (TCC, Hypnose ericksonnienne).

5) Présence

Vivez au présent, car c'est la seule réalité existante. Le futur n'existe pas, c'est une création de l'imagination qui nous sert à anticiper, mais qui nous dessert puisque ce que nous prévoyons arrive rarement. Et vous risquez de vivre dans le futur, c'est-à-dire de ne pas vivre du tout (projet = fuite).

Le passé n'existe pas non plus, c'est une création de la mémoire qui permet l'apprentissage, le progrès, l'amélioration. Mais si vous n'y prenez garde, vous risquez de vivre dans le passé (regrets, remords, mélancolie, attachement, etc.) et vous oublierez de vivre votre présent qui est la seule réalité. (Lisez : *Le pouvoir du moment présent* d'Eckart Tolle).

Mais alors, en quoi consiste le présent ? Votre présent, c'est ce que vous ressentez dans votre corps et dans votre cœur.

Écoutez votre corps et votre cœur, demandez-vous ce que vous ressentez.

Déconnectez votre tête (votre ego).

6) Regard

Arrêtez de (vous) comparer, de (vous) dévaloriser et de (vous) juger.

Revenez aux faits (constats). Le constat d'un fait est objectif, vérifiable, parce que concret, unique, précis voire photographiable : *j'ai raté ce diplôme.* Il est souvent quantitatif : *j'ai obtenu 9 de moyenne.*

Par opposition, le jugement est subjectif, invérifiable : *Je suis nul.* Il est plus ou moins justifié : *parce que j'ai raté ce diplôme.* C'est une valeur posée sur quelque chose (objet, évènement ou action) ou quelqu'un.

Repérez les jugements en vous et refusez de leur accorder le moindre crédit. Refusez de subir Radio jugement et d'être pollué par le Juge (au sens des Accords toltèques) en vous.

Débranchez ! Le juge est une émanation de l'ego, un parasite qui s'est immiscé en vous, *« à l'insu de votre plein gré »*.

7) Dialogue intérieur

Prenez soin de vous : Il vous arrive sans doute de prendre soin d'un enfant, d'un parent, d'un ami ou d'un collègue. Alors pourquoi ne pas prendre aussi soin de vous ? Pourquoi tant de haine ? Imaginez que vous êtes à l'extérieur de vous-même. N'auriez-vous pas envie de prendre soin de « vous » ? Ne voyez-vous pas le petit enfant, qui se débrouille comme il peut, qui se démène comme un beau diable dans un monde incompréhensible (qui vous en a expliqué les règles ?).

Parlez-vous comme à un ami : admirez-vous, remerciez-vous et écoutez-vous. Parlez-vous comme à un enfant : encouragez-vous, aimez-vous. Vous êtes vraiment un enfant de l'univers et vous êtes (souvent) perdu, déstabilisé ou confus dans votre corps et sur cette étrange planète…

8) Équilibre

« L'équilibre est une force. », « La voie du milieu[12]*. »*

Les « positions de vie » de l'A. T.

L'Analyse Transactionnelle a été créée par Eric Berne (1910-1970), psychanalyste et psychiatre américain, qui cherchait à vulgariser la psychanalyse et à en tirer des outils et des méthodes simples et efficaces. Le concept central de l'A.T., les « États du moi », provient d'une simplification de la célèbre deuxième « topique » de Freud.

- Le *ça* devient *l'État enfant*
- Le *moi* devient *l'État adulte*
- Le *surmoi* devient *l'État parent*

Ces 3 états du moi génèrent des « Transactions », des rôles et des jeux psychologiques.

12. Pensées bouddhistes

Êtes-vous OK ou pas OK?

OK est l'abréviation du grec Olla Kalla: littéralement: *tout (va) bien*. Pour l'A.T., il y a deux façons de se positionner par rapport à la vie: ça va (position OK) ou ça ne va pas (position pas OK). Et chacun d'entre nous applique (le plus souvent inconsciemment) ces positions de vie à lui-même mais aussi aux autres, qui sont OK ou pas OK. Si l'on croise ces deux positions de vie avec les deux intervenants de la communication (moi et les autres), on obtient alors quatre combinaisons.

- Je suis OK, les autres sont OK: l'idéal: c'est la relation gagnant – gagnant (méthode Gordon).
- Je suis OK, les autres ne sont pas OK: une (pseudo) supériorité, l'arrogance.
- Je ne suis pas OK, les autres sont OK: le looser, le soumis, la victime.
- Je ne suis pas OK, les autres ne sont pas OK: le critique, le défaitiste, le pessimiste, «l'emmerdeur».

Or d'après Éric Berne, seules les relations gagnant – gagnant sont positives et susceptibles de durer. Il convient donc de gérer ses relations, c'est-à-dire de les évaluer avant de s'y engager, de les équilibrer au jour le jour (l'équilibre est par nature instable), de les rééquilibrer après un évènement déstabilisant, d'en sortir si rien ne permet de les rééquilibrer (c'est-à-dire si l'autre ne souhaite pas les rééquilibrer).

9) Préparation

Attendez-vous à des obstacles, des retards, voire des échecs. N'importe quelle machine peut tomber un jour en panne. N'importe quel service public peut se mettre en grève (surtout en France).

La vie est imprévisible, c'est gênant, mais ce serait bien pire encore si tout était prévisible : la vie est une aventure, une expérience à vivre… sans modération.

Les gens ne sont (malheureusement) pas tous fiables et intègres. Attendez-vous à des abandons, des trahisons, etc.

Préparez-vous car *« la préparation prime l'action »*. Comment ? En prévoyant ces revers et retards, en prévoyant des ressources (des réserves) et des marges de manœuvres pour le cas où…

10) Acceptation

« La stratégie du Oui[13] *»* est une façon simple de transformer le négatif en positif : elle permet de diminuer sinon de supprimer les conflits dans sa vie, les tensions dans son corps, les émotions (négatives) dans son cœur et les pensées sombres dans sa tête. En effet, ces énergies négatives attaquent indirectement et insidieusement votre image.

Si vous ne savez pas accepter, apprenez à le faire ! Apprenez à accepter et à apprécier votre vie : c'est le secret même du bonheur… Mais à quoi devez-vous dire « Oui » ? À votre vie, à ce que vous êtes, à votre passé et à votre présent, à votre personnalité (donc à une mauvaise image de vous), à votre corps (arrêtez de

13. Denise Desjardins

vous comparer aux modèles !). Commencez par ce que vous ne pouvez pas changer : le passé, les autres et le monde tel qu'il est (pour l'instant).

Ensuite, quand vous serez entraîné (...), attaquez-vous au fond du problème : vos « imperfections », « faiblesses », « carences » et autres « défauts ». Acceptez-vous tel que vous êtes (aujourd'hui) et améliorez (progressivement) tout ce qui peut l'être : augmentez vos connaissances et vos compétences, équilibrez votre personnalité et votre comportement, et en attendant acceptez qui vous êtes[14].

C) Traitement pour l'ego

Rééquilibrer votre image

Que faire pour rééquilibrer l'image de soi, c'est-à-dire la diminuer quand elle est trop forte ? Rappelons que l'excès (*l'hybris* des Grecs anciens) en tout est un défaut.

---

14. Lisez *Oser montrer ses faiblesses* aux Éditions Jouvence

- L'excès d'estime de soi est **l'orgueil** et produit le mépris, la suffisance, l'effronterie, la (pseudo) supériorité.
- L'excès d'amour de soi est **le narcissisme** et produit l'égocentrisme, l'égoïsme et d'une façon plus générale, l'absence d'empathie et l'incapacité à aimer (les autres).
- L'excès de confiance en soi ou d'assurance produit **la témérité** (prise de risque exagérée), l'imprudence, la présomption ou l'aveuglement.

Quand les trois pôles sont en excès, on parle alors d'un « ego surdimensionné ». Mais la personne touchée par cet excès s'en rend-elle compte ? Rien n'est moins sûr… En revanche tous les proches s'en rendent compte, parce qu'une telle personne est rapidement insupportable.

Dès lors, vous vous demandez peut-être si vous ne faites pas partie de cette catégorie de personnes… ? Et vous vous demandez aussi comment en prendre conscience ? La réponse est assez simple : on ne peut s'en rendre compte qu'indirectement.

- Soit par le truchement d'un test (comme ceux que vous venez de passer). Mais il n'existe pas vraiment de test d'ego.
- Soit en sollicitant les autres : en leur demandant leur avis (et en leur garantissant l'absence de représailles), en les écoutant ou en observant leurs réactions. Évidemment, si vous êtes le chef d'une entreprise ou d'un service, il y a fort à parier que vos collaborateurs garderont le silence de peur d'être licenciés, placardisés, harcelés ou tout simplement de subir des représailles de toutes natures…

L'idéal est d'avoir dans votre entourage au moins une personne qui ne vous craint pas. Ce peut être l'un de vos parents ou de vos enfants, ou un proche qui se trouve sur le même plan que vous : un ami, un collègue, un confrère, un coéquipier, etc.

En entreprise, le « 360 degrés » permet d'obtenir ce type d'informations sensibles, puisqu'il s'agit d'une évaluation d'un salarié (souvent un manager) par toutes les personnes qui travaillent avec lui : son ou ses managers, ses collaborateurs, ses collègues, éventuellement ses clients ou ses fournisseurs, etc. Chacun d'eux remplit un questionnaire anonymement et le résultat est synthétisé par un consultant formé à cette technique, et est ensuite comparé à l'auto-évaluation du salarié. Les écarts de perception sont évidemment analysés, interprétés et suivis de préconisations…

Enfin, il existe un autre moyen de s'en apercevoir : la vie. La vie est, en effet, le grand maître qui nous informe et nous forme au quotidien. Son langage n'est pas constitué de mots, mais de faits : les signaux qu'elle nous envoie sont nos échecs et nos réussites, comme des feux rouges ou verts. Encore faut-il les écouter…

Tout langage suppose un code. Parfois, ce code est naturel, voire évident, mais la plupart du temps il ne l'est pas. Il faut donc l'apprendre et / ou passer par un intermédiaire. Ce rôle était traditionnellement dévolu aux prêtres de toutes sortes, qui ont toujours été des intermédiaires entre les hommes et le sacré. Mais celui qui détient le code détient le pouvoir : la Bible regorge de passages où les Juifs subissent des catastrophes (maladie, guerre, famine, esclavage…). À chaque fois, les prêtres en profitent pour les culpabiliser et les assujettir un peu plus…

Heureusement, vous n'êtes absolument pas obligé de passer par un prêtre pour interpréter les signes de la vie. Encore une fois, certains signes (échecs à répétition) sont évidents. Mais ce n'est pas toujours le cas, loin s'en faut : un échec à répétition est-il un feu rouge qui incite à arrêter ou au contraire un feu vert qui incite à continuer ? Comment faire la différence entre l'acharnement (stupide) et la persévérance ?

C'est pourquoi il a toujours existé des personnes qui interprètent ces signes : voyants, medium, oracles, chamans, sorciers, gurus, etc. Il existe aussi des groupes de personnes : loges, franc-maçonneries, sectes (côté négatif), associations spirituelles, etc. Enfin, il existe des publications : les livres, magazines et depuis peu blogs et sites Internet.

D) Aider un timide ?

Peut-être souhaitez-vous améliorer l'image de certains de vos proches : enfants, conjoint, amis, connaissances, mais aussi collègues, etc., ou des personnes dont vous avez la responsabilité : patients, élèves, collaborateurs, etc.

1) Quelques questions

Soit, mais avant d'aider quelqu'un, avant de *« vous jeter dans la gueule du loup »*, posez-vous les bonnes questions.

- Pourquoi voulez-vous aider cette personne ? Est-ce vraiment pour elle ou n'est-ce pas aussi et surtout pour vous (par exemple, pour prouver que vous êtes quelqu'un de bon et généreux) ?

- Êtes-vous responsable de cette personne ? Si oui, dans quelle mesure ? Jusqu'où ?
- Cette personne vous a-t-elle demandé explicitement de l'aide ? Sinon, pourquoi croyez-vous qu'elle en a besoin ? Et pourquoi vous croyez-vous autorisé à intervenir ?
- Cette personne est-elle vraiment incapable de réussir sans votre aide, par elle-même ? Comment le savez-vous ? ;
- Votre aide ne risque-t-elle pas de l'inférioriser, de la rendre (encore) plus dépendante de vous (sur le long terme) ? Est-ce vraiment ce que vous recherchez ?
- Êtes-vous co-dépendant ? Avez-vous besoin que l'on ait besoin de vous (une forme de parasitisme) ?
- Pourquoi voulez-vous supprimer toute forme de souffrance (peine, douleur, frustration, déception…) inhérente à la vie (amoureuse, professionnelle et autre…) ?

- Pourquoi voulez-vous faire les choses à sa place ? Pourquoi voulez-vous l'empêcher de vivre une expérience, de progresser et d'apprendre ?

Voici quelques citations susceptibles de vous prévenir contre la tentation (maternante) d'aider :

« Être bon pour son semblable c'est le traiter comme un chien. » (Alain)

« Aider son prochain, c'est le traiter comme un chien. N'aide pas les autres, aide-les à s'aider. » (Nietzsche)

« Aide-toi ! Le ciel t'aidera… » (Proverbe)

« Aide-toi ! Tout le monde t'aidera… » (Nietzsche)

2) Le triangle dramatique (A.T.) Les jeux psychologiques

D'après l'analyse transactionnelle, ce sont des jeux de rôles inconscients et des scénarios répétitifs négatifs. Ce sont des Transactions doubles qui « tournent en rond », parce que l'enjeu est au niveau de la Transaction cachée, sous le couvert d'une autre, officielle.

Exemple : l'enfant puni par son père et toujours « sauvé » par sa mère… Éric Berne a recensé différents Jeux psychologiques : « Battez-vous », « Sans toi », « Oui, mais… », « La jambe de bois », « Au viol ! »

Stephen Karpman (un élève d'Éric Berne) a extrait le scénario sous-jacent à tous ces Jeux qui comportent toujours 3 rôles : Victime, Bourreau et Sauveur. Le drame, c'est l'issue toujours négative, l'échec prévisible, le clash inévitable.

Exemple

1) A se plaint (Victime) à B (qui devient Sauveur) d'une personne C (qui devient Bourreau).
2) B prodigue ses conseils à A qui les rejette systématiquement (« Oui, mais… ») et accuse (Bourreau) B (qui devient Victime) de ne pas l'aider.
3) B se rebiffe (Bourreau) et rejette la faute sur C (Victime) et lui propose de se débrouiller (Sauveur) tout seul.

…

…

Conclusion : réfléchissez à deux fois avant de proposer aide et conseils… et surtout avant de vous mêler d'un conflit… qui ne vous regarde peut-être pas. Parfois, la meilleure façon de gérer un conflit, c'est encore de ne pas y prendre part : ne jouez plus jamais au Sauveur !

3) Comment aider ses proches

Il existe une série de situations où l'aide est non seulement souhaitable, mais également nécessaire.

- En situation de survie (exemple : le Titanic ou lors d'un accident de voiture), un individu ou un groupe peut avoir des réactions totalement négatives ou dangereuses : crise de panique, passage à l'acte violent, dépression ou prostration, etc.
- En situation d'urgence, si quelqu'un n'arrive pas à respecter un délai à l'école, au travail ou lors d'un rendez-vous. Lorsque vous n'avez pas le temps ou les moyens d'apprendre (enseigner) à pêcher.

- Lorsque les personnes sont trop faibles ou trop fragiles pour apprendre : bébés, petits enfants, handicapés mentaux et / ou moteurs, malades, personnes âgées, etc.

Il existe deux grandes façons d'aider quelqu'un : lui donner satisfaction, résoudre son problème ou l'aider à le résoudre par lui-même : *« Si quelqu'un a faim, donne-lui un poisson, il vivra une journée. Apprends-lui à pêcher, il vivra toute sa vie. »* (Proverbe chinois)

La première façon est la façon maternelle ou « maternante », car elle s'applique (naturellement) entre une mère et son bébé / enfant, caractérisé par sa dépendance quasi totale. Mais le bébé grandit et devient enfant puis adolescent. Il faudrait donc la pratiquer de moins en moins au fur et à mesure de la croissance de l'enfant. Car cette façon d'aider est dangereuse à long terme : elle entretient la dépendance initiale et empêche l'enfant de grandir.

Mais rien n'est plus difficile à appliquer pour une mère (sauf exception), car cela tend à la rendre « inutile »... Et rien n'est plus gratifiant pour une mère (mais cela est vrai dans beaucoup d'autres relations notamment la relation amoureuse) que de sentir que l'autre a besoin d'elle. D'après Melody Beattie (*« Vaincre la co-dépendance »*), il semblerait même que ce soit un « besoin » : le besoin que l'on ait besoin de moi. En réalité, il ne s'agit pas d'un vrai besoin, puisque les besoins sont des déséquilibres (manque ou excès) « internes », mais c'est une synthèse de deux autres vrais besoins : le besoin de sens (se sentir utile) et le besoin de communication (besoin d'aimer et d'être aimé).

4) Le conseil, la thérapie et le coaching

Contrairement aux idées reçues, un coach ou un psychothérapeute authentique ne donne jamais de conseil. Sinon, c'est un conseiller ou un consultant (c'est un tout autre métier qui repose sur une analyse d'un problème technique). Conseiller ou préconiser (la même chose, en plus cher !) revient à donner un poisson (une solution ponctuelle).

La thérapie et le coaching sont basés sur l'Approche Centrée sur la Personne initiée par Carl Rogers. Ils consistent à aider le client à s'aider lui-même, à lui permettre de trouver en lui-même et par lui-même la « solution » à son « problème ». C'est évidemment infiniment plus long, plus difficile et plus complexe que de donner un conseil.

Comment arrive-t-on à ce résultat ? Quels sont les moyens et les outils de ces accompagnants ? C'est d'abord et avant tout l'écoute, qui s'appuie elle-même sur le silence (laisser parler le client sans l'interrompre), la reformulation (pour lui permettre de s'entendre) et le questionnement (le cœur du métier ?). Sans aller jusqu'à vous substituer à ces accompagnants, vous pouvez vous inspirer de leur méthode en pratiquant ces quatre « techniques » :

- écouter / laisser parler l'autre (sans « répondre ») ;
- observer sa communication non-verbale (le corps ne ment jamais) ;

- reformuler ses propos, mais aussi ses non-dits ;
- questionner sur trois points :
  – Qu'est-ce que tu ressens (émotions, sentiments) ?
  – Qu'est-ce que tu veux (besoins et désirs) ?
  – Que vas-tu faire pour l'obtenir (décision, action) ?

Ces questions responsabilisent l'autre et le libèrent de son propre enfermement. Ces techniques (savoir-faire) sont très efficaces avec un peu d'entrainement, mais l'essentiel est ailleurs : dans votre attitude (savoir-être). Carl Rogers a en effet montré que c'est elle qui fait avancer une thérapie. Il en a tiré trois conditions nécessaires (et suffisantes ?) : l'empathie, l'acceptation inconditionnelle de la personne aidée et la congruence (authenticité avec soi et avec l'autre). Là réside toute la difficulté du métier !

D) Textes d'accompagnement

Les 10 commandements pour « booster » ponctuellement votre image (à la hausse)

1) Définition d'objectif(s)

Tes désirs, en objectifs tu transformeras.

2) Concentration

Sur un seul objectif à la fois, tu te concentreras.

3) Volonté

Avant d'agir, ta détermination tu évalueras.

4) Non-retour

L'échec et la fuite, tu t'interdiras.

5) Engagement

Une fois la décision prise, tu t'engageras.

6) Investissement

Comme si c'était ta dernière heure, tu vivras.

7) Décision(s)

Toutes tes décisions (quel que soit le résultat) tu assumeras.

8) Action

Immédiatement, tu agiras, la procrastination tu éviteras.

9) Audace

À chaque fois que c'est possible, tu oseras.

10) Constance

Malgré les erreurs ou les échecs, tu continueras ou recommenceras.

Les 10 commandements pour « booster » durablement votre image (à la hausse)

1) Connaissance de soi

À te connaître (personnalité, besoins, désirs…), tu t'emploieras.

2) Relativité (des choses)

Les échecs ou erreurs tu relativiseras.

3) Philosophie

Tes énergies négatives, en positif tu transformeras.

4) Thérapie

Tes émotions négatives et tes scénarios répétitifs, tu évacueras.

5) Présence

Au présent, tu vivras, ton corps et ton cœur, tu écouteras.

6) Regard

Aux jugements, les faits (constats) tu préféreras.

7) Dialogue intérieur

Comme à un ami ou à un enfant, tu te parleras.

8) Équilibre

Des relations équilibrées, tu entretiendras.

9) Préparation

À des obstacles, voire des échecs, tu t'attendras.

10) Acceptation

Tout ce que tu ne peux changer, tu accepteras.

Comment t'aimer ?

1) Cesse toute critique.

La critique ne change jamais rien. Refuse de te critiquer. Accepte-toi exactement comme tu es. Tout le monde change. Quand tu te critiques, tes changements sont négatifs. Quand tu t'approuves, tes changements sont positifs.

2) Ne te fais pas peur.

Cesse de te terroriser par tes pensées. C'est une façon de vivre effroyable. Trouve une image mentale qui te donne du plaisir. Déconnecte tes pensées de peur pour laisser place aux pensées te donnant du plaisir.

3) Sois doux, bienveillant et patient.

...avec toi-même, tandis que tu apprends les nouvelles façons de penser. Traite-toi comme quelqu'un que tu aimes profondément.

4) Sois bienveillant envers ton mental.

T'auto-détester n'est que détester tes propres pensées. Ne te hais pas d'avoir ces pensées. Change doucement tes pensées.

5) Fais l'éloge de toi-même.

Les critiques ébranlent ton esprit. Les louanges le fortifient. Fais l'éloge de toi-même autant qu'il t'est possible. Dis-toi à quel point tu fais bien chaque petite chose de la vie.

6) Crée tes propres moyens de soutien.

Trouve des moyens de te soutenir. Ouvre-toi à tes amis et permets-leur de t'apporter leur aide. C'est une force de pouvoir demander de l'aide quand tu en as besoin.

7) Aime tes côtés négatifs.

Reconnais que tu les as créés pour remplir un besoin. Maintenant, tu es en train de trouver des moyens nouveaux et positifs pour remplir ces besoins. Avec amour, laisse partir ces anciennes tendances négatives.

8) Prends soin de ton corps.

Étudie l'alimentation saine. De quel genre d'alimentation ton corps a-t-il besoin pour avoir de la vitalité et une énergie optimale ? Étudie le mouvement. Quel genre d'exercice te donne du plaisir ? Chéris et vénère le temple dans lequel tu vis.

9) Travaille devant le miroir.

Regarde-toi dans les yeux, souvent. Exprime le sens croissant de l'amour que tu te dédies. Pardonne-toi en te regardant dans le miroir. Parle avec tes parents en regardant dans le miroir. Pardonne-leur aussi. Et, au moins une fois par jour, dis-toi « Je t'aime, je t'aime réellement. »

10) Fais-le maintenant.

N'attends pas d'être guéri, d'avoir perdu du poids, d'avoir trouvé un nouveau travail ou des nouvelles relations. Commence maintenant. Fais de ton mieux[15]. »

15. Louise Hay, *« Transformez votre vie »*, Marabout.

Voici un autre texte anonyme d'une grande sagesse :

« Allez tranquillement parmi le vacarme et la hâte, et souvenez-vous de la paix qui peut exister dans le silence. Sans aliénation, vivez autant que possible en bons termes avec toutes personnes. Dites doucement et clairement votre vérité ; et écoutez les autres, même le simple d'esprit et l'ignorant ; ils ont eux aussi leur histoire. Évitez les individus bruyants et agressifs, ils sont une vexation pour l'esprit. Ne vous comparez avec personne : vous risqueriez de devenir vain ou vaniteux. Il y a toujours plus grands et plus petits que vous. Jouissez de vos projets aussi bien que de vos accomplissements. Soyez prudent dans vos affaires ; car le monde est plein de fourberies. Mais ne soyez pas aveugle en ce qui concerne la vertu qui existe ; de nombreux individus recherchent les grands idéaux ; et partout la vie est remplie d'héroïsmes. Soyez vous-même. Surtout n'affectez pas l'amitié. Non plus ne soyez cynique en amour, car il est en face de toute stérilité de tout désenchantement aussi éternel que l'herbe. Prenez avec bonté le conseil des années, en renonçant avec grâce à votre jeunesse. Fortifiez

une puissance d'esprit pour vous protéger en cas de malheur soudain. Mais ne vous chagrinez pas avec vos chimères. De nombreuses peurs naissent de la fatigue et de la solitude. Vous êtes un enfant de l'univers, pas moins que les arbres et les étoiles; vous avez le droit d'être ici. Et qu'il vous soit clair ou non, l'univers se déroule sans doute comme il le devrait. Soyez en paix avec Dieu, quelle que soit votre conception de lui. Et quels que soient vos travaux et vos rêves, gardez dans le désarroi bruyant de la vie, la paix dans votre âme. Avec toutes ses perfidies, ses besognes fastidieuses et ses rêves brisés, le monde est pourtant beau. Faites attention. Tâchez d'être heureux[16]. »

---

16. Trouvé dans une vieille église de Baltimore en 1692.

Conclusion

Finalement, la timidité est un complexe : beaucoup d'humilité, mais également beaucoup d'orgueil. C'est cet orgueil (mal placé) qui transforme la sensibilité en susceptibilité. Mais c'est surtout lui qui produit et cultive les jugements négatifs à l'égard de soi. La timidité masque toujours une arrogance (son contraire) qui lui est proportionnelle : quand vous vous critiquez, vous souffrez de recevoir cette critique (la victime dans les Accords toltèques), mais une autre partie de vous (le juge dans les Accords toltèques) jouit et se réjouit de produire cette critique.

Juger est extrêmement jouissif… pour l'ego. Tout d'abord parce que le juge s'élève (artificiellement) en abaissant celui qu'il juge. Ensuite parce que juger quelqu'un, c'est lui donner de l'importance. Se juger, c'est donc se donner de l'importance, c'est se regarder dans la glace. « *Miroir, dis-moi qui est la plus belle ?* »

Alors tout s'explique : c'est parce que vos parents (et en particulier votre mère) ne s'est pas assez occupé de vous, ne vous a pas accordé suffisamment d'attention que vous avez développé ce complexe de timidité : en France, la plupart des femmes (environ… 90 %) travaillent ou ont travaillé en élevant leurs enfants. C'est une façon imparable de récupérer de l'attention et de l'importance…

Dès lors si vous voulez guérir, il faut lâcher prise sur l'importance (mal placée) que vous vous accordez (narcissisme, égocentrisme, égoïsme, etc.). Finalement, la meilleure façon de guérir est sans doute de s'occuper des autres, ce qui permet à la fois de relativiser ses malheurs (il y a toujours pire ailleurs) et de court-circuiter le (faux) besoin de se sentir « important ». Ce faisant, le juge disparait, avec les jugements pour faire place à l'Amour.

Il vous faut aussi lâcher le perfectionnisme, cette fausse valeur et cette vraie maladie qui mine et sape votre image positive : à chaque fois que vous vous comparez à la perfection, votre image se dégrade un peu plus.

Car le développement personnel n'est pas seulement opposé ou concurrent au développement spirituel (mais en France, quand on utilise ce mot, les intellocrates de tous bords sortent leur révolver : l'épouvantail des sectes).

En réalité nous sommes tous interdépendants et connectés bien plus profondément que ne le supposent les adeptes du « Front rationnel » (la religion de l'Occident moderne). Mais ceci fera peut-être l'objet d'un autre livre. Par conséquent, un timide en moins, c'est des dizaines de relations harmonieuses en plus. « Aider » un timide est une façon merveilleuse de libérer l'énergie et l'Amour qui est en chacun d'entre nous.

Préférez-vous vivre dans la peur ou dans l'Amour ? Personnellement, je préfère vivre dans l'Amour et avec des gens équilibrés et heureux. Mais la meilleure façon de changer le monde n'est pas de tout casser ou de s'en prendre aux autres (toutes les utopies de gauche ont abouti à des dictatures sanglantes). C'est plutôt de se changer soi-même et d'augmenter ainsi l'espace de liberté et d'harmonie entre les hommes. Une révolution douce et silencieuse, comme le battement d'une aile de papillon...

Bibliographie

Christophe André, *Imparfaits, libres et heureux*, Odile Jacob

Robert Anthony, *Les Secrets de la confiance en soi*, Un monde différent

Lionel Bellanger, *La Confiance en soi*, ESF

Nathaniel Branden, *Les Six Clés de la confiance en soi*, J'ai lu

Dominique Charnaise, *Ayez confiance en vous pour mieux réussir*, Éditions De vecchi

Emerson, *La Confiance en soi*, Rivages poche

Sarah Famery, *Avoir confiance en soi*, Eyrolles Pratiques

Dr Susan Jeffers, *Tremblez, mais osez*, Marabout

René de Lassus, *Oser être soi-même*, Marabout

Marie-France Muller, *Croire en soi*, Éditions Jouvence

Jean-François Picardat, *Le Grand Guide du timide,* Marabout

Rosette Poletti, *L'Estime de soi,* Éditions Jouvence

Dr J. Renaud, *Avoir de l'assurance*, Marabout

Jacques Salomé, *Le Courage d'être soi,* Press Pocket

Christ Zoist, Patricia Fogarty, *Je crois en moi et je vais mieux,* Éditions de l'Homme

Du même auteur

L'Art d'écouter
Pourquoi, quand, comment ?

Cet ouvrage explore toutes les facettes de l'écoute à partir du constat célèbre de Goethe : « Parler est un besoin, écouter est un art. », et clarifie la nature de l'écoute : en quoi consiste cet art ? S'agit-il d'un effort, d'une compétence, d'un métier ou d'une attitude ? Est-ce du décodage ? Et si écouter consistait à entendre ce que l'autre ne dit PAS... ? Patrice Ras montre tout l'intérêt qu'on a à apprendre l'écoute en fonction des interlocuteurs. Il apporte des solutions et des techniques pour mieux écouter.

96 pages • 4,95 €